BEI GRIN MACHT SICH IHR
WISSEN BEZAHLT

AF167302

- Wir veröffentlichen Ihre Hausarbeit,
  Bachelor- und Masterarbeit

- Ihr eigenes eBook und Buch -
  weltweit in allen wichtigen Shops

- Verdienen Sie an jedem Verkauf

Jetzt bei www.GRIN.com hochladen
und kostenlos publizieren

Trainingsplanung zur Senkung des Blutdrucks und der Reduzierung des Körperfettgehaltes

Gentijana Muhagjeri

Bibliografische Information der Deutschen Nationalbibliothek:

Die Deutsche Nationalbibliothek verzeichnet diese Publikation in der Deutschen Nationalbibliografie; detaillierte bibliografische Daten sind im Internet über http://dnb.d-nb.de abrufbar.

ISBN: 9783346510679
Dieses Buch ist auch als E-Book erhältlich.

© GRIN Publishing GmbH
Nymphenburger Straße 86
80636 München

Alle Rechte vorbehalten

Druck und Bindung: Books on Demand GmbH, Norderstedt Germany
Gedruckt auf säurefreiem Papier aus verantwortungsvollen Quellen

Das vorliegende Werk wurde sorgfältig erarbeitet. Dennoch übernehmen Autoren und Verlag für die Richtigkeit von Angaben, Hinweisen, Links und Ratschlägen sowie eventuelle Druckfehler keine Haftung.

Das Buch bei GRIN: https://www.grin.com/document/1138042

Deutsche Hochschule für

Prävention und Gesundheitsmanagement

Hermann Neuberger Sportschule 3

66123 Saarbrücken

Einsendeaufgabe

Fachmodul:	Trainingslehre II
Studiengang:	Gesundheitsmanagement
Datum Präsenzphase:	10.05.2021 – 12.05.2021
Matrikelnummer:	
Name, Vorname:	Muhaxheri, Gentijana
Studienort:	**Saarbrücken**
Semester:	**WS 2019**

Inhaltsverzeichnis

1 Diagnose

Bevor für die Probandin ein individueller und angepasster Trainingsplan erstellt werden kann, ist ein Anamnesegespräch erforderlich um sie so besser kennenzulernen. Hierfür werden allgemeine und biometrischen Daten erfragt sowie Informationen über den Gesundheitszustand. Die Daten werden tabellarisch dokumentiert.

1.1 Allgemeine und biometrische Daten

Tabelle 1: allgemeine und biometrische Daten (eigene Darstellung)

Allgemeine und biometrische Daten	
Allgemeine Daten	
Alter	26 Jahre
Geschlecht	weiblich
Körpergröße	162 cm
Körpergewicht	81 kg
Berufliche Tätigkeit	Sekretärin (überwiegend sitzend)
Trainingsmotive	Abnehmen, Fitness verbessern
Aktuelle sportliche Aktivitäten	Seit einem Jahr einmal die Woche Fahrrad fahren für 60 Minuten
Frühere sportliche Aktivitäten	/
Zeitlicher Verfügungsrahmen	Zwei bis Dreimal die Woche bis zu 60 Minuten
Biometrische Daten	
Blutdruck	136/88 mmHG
Ruhepuls	83 Schläge pro Minute (Normwert 60-80 Schläge pro Minute)
Orthopädische Probleme	/
Internistische Probleme	/
Ärztliche Behandlung	/
Einnahmen von Medikamenten	/
Sonstige gesundheitliche Einschränkungen	/

Der Blutdruck wurde am linken Unterarm mit dem Medisana BU 510 gemessen. Der Wert liegt bei 136/88 mmHG und wird nun anhand nachfolgender Tabelle bewertet.

Tabelle 2: Blutdruckklassifikation der American Hurt Association (modifiziert nach Mancia et al., 2013, S.1286)

	Bewertungsstufen	Systolischer Wert	Diastolischer Wert
Normblutdruck (Normotonie)	Optimal	Unter 120 mmHG	Unter 80 mmHG
	Normal	Unter 130 mmHG	Unter 85 mmHG
	Hochnormal	**130-139 mmHG**	**85-89 mmHG**
Bluthochdruck (arterielle Hypertonie)	Stufe 1	140-159 mmHG	90-99 mmHG
	Stufe 2	160-179 mmHG	100-109 mmHG
	Stufe 3	Über 180 mmHG	Über 110 mmHG
Ruhepuls	Normwert	60-80 Schläge pro Minute (Steffny, 2004)	

Anhand der Tabelle kann man erkennen, dass die Probandin sich im Normblutdruck befindet, jedoch im Hochnormalen Bereich.

Bis auf den etwas erhöhten Ruhepuls hat die Probandin keine weiteren Einschränkungen.

1.2 Leistungsdiagnostik

Eine wichtige Grundlage für den Aufbau eines optimalen Trainingsplans ist die Erfassung des aktuellen Leistungsstandes. Die Leistungsdiagnostik findet auf dem Radergometer nach dem IPN-Test® statt. Hierbei kann man zwischen zwei Ausdauertests unterscheiden, die beide jeweils für eine bestimmte Personengruppe bestimmt ist. Der WHO- Test ist speziell für Untrainierte Frauen sowie für ältere, leistungsschwache und übergewichtige vorgesehen. Der Hellmann-Venrath-Test ist für trainierte Frauen, ältere Menschen sowie für normal leistungsstarke Männer gedacht.

1.3 Begründung des Testverfahrens

Gewählt wird der IPN-Test aus vier Gründen, die den Test ausmachen. Dies ist zum einen die Festlegung eines individuellen Abbruchkriteriums durch die erste Voreinstufung nach der Ruheherzfrequenz und der zweiten Voreinstufung unter zusätzlicher Berücksichtigung der Trainingshäufigkeit. Dadurch kann ein passendes Belastungsschema für die Probandin ausgewählt werden, was ebenfalls für den IPN-Test spricht. Des Weiteren ist eine Orientierung an einer Norm-Soll-Leistung sowie die konsequente Verwertung der Ergebnisse für individuelle sportart- und trainingsspezifische Trainingsempfehlungen. (Trunz, E., 2004, S. 1)

1.3.1 Auswahl des Belastungsschemas und der Testparameter

Zu Beginn erfolgt die individuelle Voreinstufung der Probandin nach der Ruheherzfrequenz und dem Lebensalter. Ihre Ruheherzfrequenz liegt bei 86 S/min und sie ist 26 Jahre alt.

Tabelle 3: Voreinstufung nach Ruheherzfrequenz und Lebensalter (modifiziert nach Trunz, E. 2004, S.4)

RHF/Alter	<20	20-29	30-39	40-49	50-59	60-69	≥ 70
<50	140	135	130	125	115	110	105
50-59	145	140	135	125	120	115	110
60-69	145	145	135	130	125	120	115
70-79	150	145	140	135	130	125	120
80-89	155	150	145	140	135	125	125
≥ 90	160	155	150	145	135	130	125

Tabelle 4: Voreinstufung unter zusätzlicher Berücksichtigung der Trainingshäufigkeit (modifiziert nach Trunz, E, 2004, S.4)

Sporttyp	Mindesthäufigkeit/Woche	Stunden /Woche	Aufschlag
Überhaupt kein Aus-Dauertraining	/	/	/
Wenig Ausdauertraining	1-2-mal	≤ 1 Stunde	/
Moderat Ausdauer-Training	2-3-mal	1-2 Stunden	Plus 5
Viel Ausdauertraining	3-4-mal	2-4 Stunden	Plus 10
Sehr viel Ausdauer-Training	>4-mal	>4-mal	Plus 15

Durch die erste Voreinstufung hat sie eine Pulsobergrenze von 150 S/min.

Die zweite Voreinstufung erfolgt unter Berücksichtigung der Trainingshäufigkeit. Hierfür ist es ebenfalls wichtig, dass alle wichtigen Daten im Anamnesegespräch erfragt werden. Da die Probandin nur einmal die Woche 60 Minuten Ausdauertraining macht, fällt sie unter den Sporttyp wenig Ausdauertraining und bekommt keinen Aufschlag auf die Pulsobergrenze und somit bleibt ihre Herzfrequenz bei 150 S/min.

Nun wird entschieden nach welchem Schema sie den IPN-Test durchführt. Um dies zu bestimmen dient die nachfolgende Tabelle.

Tabelle 5: Das Grenzgewicht bei Frauen in Abhängigkeit zu Alter, Geschlecht und Trainings-häufigkeit zur Zuordnung des jeweiligen Belastungsschemas (WHO oder Hollmann/Venrath) (modifiziert nach Trunz, E. 2004, S.5)

Trainingshäufigkeit	<30	30-34	35-39	40-44	45-49	50-54	55-59	Ab 60
Kein Ausdauertraining	1,15	1,09	1,04	0,98	0,92	0,86	0,81	0,75
	130,4	137,6	144,2	153,1	163,0	174,4	185,2	200,0

Die untere Spalte zeigt das Mindestgewicht als Grenzwert in Abhängigkeit vom Alter, Geschlecht und der Trainingshäufigkeit. Liegt das Gewicht der Probandin über diesem Wert, so wird der Hollmann-Venrath-Test gewählt. Liegt das Gewicht darunter, wird das WHO-Schema gewählt. Die Probandin wiegt 70kg und ist 26 Jahre alt. Demnach liegt ihr Grenzgewicht bei 130,4 kg. Da ihr Gewicht deutlich darunterliegt, wird der IPN-Test bei ihr nach dem WHO-Belastungsschema durchgeführt.

1.3.2   Durchführung der Testauswahl

Bevor die Probandin den IPN-Test nach dem ausgewählten WHO-Belastungsschema durchführt, wird sie zuerst über mögliche Abbruchkriterien aufgeklärt. Das geplante Testende ist das Überschreiten der festgelegten Herzfrequenzobergrenze von 150 S/min. Beim Überschreiten dieser, fährt sie die jeweilige Stufe trotzdem noch zu Ende. Neben dem geplanten Ende kann es jedoch auch während der Durchführung zu speziellen Ab-bruchkriterien kommen. Hierunter fallen zum Beispiel, Atemnot, muskuläre Erschöp-fung, Blässe und Schwächegefühl. Während dem Test wird alles dokumentiert.

Tabelle 6: Testdurchführung (eigene Darstellung)

Geschlecht: weiblich	Alter: 26	Eingangstest:	Datum: 16.04.21		
Gewicht: 81 kg	**Ruhepuls:** 83 S/min				
	Blutdruck: 136/88 mmHG				
Testform: WHO-Test ° submaximal		**Zeit (in Minuten):**	**Watt:**	**Hf1:**	**Hf2:**
Eingangsbelastung: 25 Watt	**Belastungssteigerung:** 25 Watt	2	25	86 S/min	93 S/min
Stufendauer: 2 Minuten	**Trittfrequenz:** 60-80 U/min	4	50	99 S/min	106 S/min
Pulsobergrenze: 150 S/min	**Abbruchgrenze:** 150 S/min	6	75	118 S/min	127 S/min
Anmerkungen: /		8	100	138 S/min	145 S/min
		10	125	159 (150 S/min erreicht nach 10 Sekunden)	/
		Watt gesamt:	101 Watt		
		Watt /kg:	1,25 W/kgKG		

Der Test lief wie geplant und die erreichte Pulsobergrenze von 150 S/min erreichte die Probandin nach zehn Minuten und zehn Sekunden. Zum Ende der Stufe erreichte sie eine Herzfrequenz von 159 S/min. Die absolute Wattleistung liegt bei 101 Watt. Die relative Wattleistung liegt bei 1,25 W/kgKG.

1.3.3 Bewertung der Testergebnisse

Die relative Wattleistung wird im nachfolgenden mit der Norm-Soll-Leistungstabelle der Frauen verglichen, um das Ergebnis zu bewerten.

Tabelle 7: relative Watt-Soll-Leistung (pro Kg) bei Frauen (modifiziert nach Trunz, E. 2004, S.8)

Faktor /Alter	<30	Bewertung
0,50	1,15	--
0,51	1,2	--
0,52	**1,25**	**--**
0,53	1,3	--
0,54	1,35	--
0,55	**1,40**	**-**
0,56	1,45	-
0,57	1,50	-
0,58	1,55	-
0,59	1,60	-
0,60	**1,70**	**Ø**
0,61	1,80	Ø
0,62	2,00	Ø
0,63	2,10	+
0,64	2,30	+
0,65	**2,40**	**+**
0,66	2,60	++
0,67	2,80	++
0,68	3,00	++
0,69	3,20	++
0,70	**3,40**	**++**

Anhand der Tabelle lässt sich erkennen, dass sie sehr untrainiert ist. Ihr Ergebnis liegt demnach weit unter dem Durchschnitt. Dementsprechend ergibt sich bei ihr ein Belastungsfaktor von 0,52. Dieser ist ein wichtiger Faktor für die Trainingsplanerstellung.

1.4 Gesundheits- und Leistungsstatus der Person

Die Probandin weist im Anamnesegespräch einen untrainierten Zustand auf. Dies bestä-tigt sich auch bei der Testdurchführung. Aufgrund dessen ist sie im Training nicht voll belastbar und darf nicht überfordert werden. Die Probandin hat einen hochnormalen Blutdruck und einen leicht erhöhten Ruhepuls. Da sie sonst keinerlei gesundheitliche Einschränkungen aufweist, ist ihr Gesundheitszustand gut. Es lässt sich erkennen, dass sich sowohl der Gesundheitszustand bezüglich der biometrischen Daten als auch der Leistungsstatus mit einem regelmäßigen Ausdauertraining nennenswert verbessert werden können.

2 Zielsetzung

Um letztendlich auch die Trainingsmotivation aufrechtzuerhalten, wurden aus ihren Trainingsmotiven und den Daten aus dem Anamnesegespräch drei realistische Ziele mit dem Inhalt, dem Ausmaß und der Zeit konkretisiert dokumentiert.

Tabelle 8: Zielsetzung (eigene Darstellung)

Inhalt	Ausmaß	Zeit
Blutdruck senken	5-8 mmHG Diastolischer Wert und 5-10 mmHG systolischer Wert	16 Wochen
Körperfettgehalt reduzieren	10%	24 Wochen
Ruhepuls senken	7 S/min	16 Wochen

Blutdruck senken:

Die Weltgesundheitsorganisation schätzt, dass ein erhöhter Blutdruck seit 2010 zur größten globalen Gesundheitsgefahr zählt. (Lim et al. 2012). Deshalb ist es wichtig diesen zu behandeln. Die Probandin befindet sich im Hochnormalen Bereich und es ist möglich mit regelmäßigen Cardiotraining diesen zu senken, sodass sie sich innerhalb von 16 Wochen wieder im guten Normbereich befindet.

Körperfettgehalt reduzieren:

Das zweite Ziel, welches der Probandin sehr wichtig ist, ist das reduzieren ihres Körperfettgehalts. Sie fühlt sich sehr unwohl in ihrem Körper und leidet dadurch auch an einem geringeren Selbstwertgefühl. Um gesund abzunehmen sollte man nach Eifler pro Woche nicht mehr als 500 Gramm abnehmen. (2020, S.48)

Ruhepuls senken:

Das dritte Ziel ist die Senkung des Ruhepulses. Bei einem dreimaligen Ausdauertraining pro Woche ist es realistisch diesen um ca. ½ S/min pro Woche zu senken.

3 Trainingsplanung Mesozyklus

3.1 Grobplanung Mesozyklus

Tabelle 9: Grobplanung Mesozyklus (eigene Darstellung)

Dauer:	6 Wochen
Trainingsziel:	Grundlagenausdauer
Trainingsumfang:	65 – 124 Minuten /Woche
Trainingsmethode:	IPN Dauermethode extensiv
Trainingsintensität:	96 – 109 S/min
Trainingshäufigkeit:	Zwei bis dreimal die Woche
Dauer der Trainingseinheit:	30 – 43 Minuten
Trainingsgeräte:	Laufband, Fahrrad

3.2 Detailplanung Mesozyklus

Tabelle 10: Detailplanung Mesozyklus Woche 1 + 2 (eigene Darstellung)

Woche 1	Mi	Sa	Woche 2	Mi	Sa
Trainingsziel	Aufbau Ga 1	Aufbau Ga 1		Aufbau Ga 1	Aufbau Ga 1
Trainingsmethode	Extensive DM	Extensive DM		Extensive DM	Extensive DM
Trainingsintensität	99 – 109 S/min	96 – 106 S/min		99 – 109 S/min	96 – 106 S/min
Trainingsdauer	30 Minuten	35 Minuten		30 Minuten	35 Minuten
Trainingsgerät	Laufband	Fahrrad		Laufband	Fahrrad

Tabelle 11: Detailplanung Mesozyklus Woche 3-6 (eigene Darstellung)

Woche 3	Mo	Mi	Sa	Wo-che 4	Mo	Mi	Sa
Trainingsziel	Aufbau Ga 1	Aufbau Ga 1	Aufbau Ga 1		Aufbau Ga 1	Aufbau Ga 1	Aufbau Ga 1
Trainingsmetho-De	Extensive Dm	Extensive Dm	Extensive Dm		Extensive Dm	Extensive Dm	Extensive Dm
Trainingsintensi-Tät	99 – 109 S/min	96 – 106 S/min	99 – 109 S/min		96 – 106 S/min	99 – 109 S/min	96 – 106 S/min
Trainingsdauer	30 Minu-ten	35 Minu-ten	30 Minu-ten		39 Minu-ten	34 Minu-ten	39 Minu-ten
Trainingsgerät	Lauf-band	Fahrrad	Lauf-band		Fahrrad	Lauf-band	Fahrrad
Woche 5	Mo	Mi	Sa	Wo-che 6	Mo	Mi	Sa
Trainingsziel	Aufbau Ga 1	Aufbau Ga 1	Aufbau Ga 1		Aufbau Ga 1	Aufbau Ga 1	Aufbau Ga 1
Trainingsmetho-De	Extensive Dm	Extensive Dm	Extensive Dm		Extensive Dm	Extensive Dm	Extensive Dm
Trainingsintensi-Tät	99 – 109 S/min	96 – 106 S/min	99 – 109 S/min		96 – 106 S/min	99 – 109 S/min	96 – 106 S/min
Trainingsdauer	34 Minu-ten	39 Minu-ten	34 Minu-ten		43 Minu-ten	38 Minu-ten	43 Minu-ten
Trainingsgerät	Lauf-band	Fahrrad	Lauf-band		Fahrrad	Lauf-band	Fahrrad

3.2.1 Begründung zum angestrebten wöchentlichen Belastungsumfang

Die Probandin gibt an, zwei bis dreimal die Woche trainieren zu können. Aufgrund ihres festgestellten Leistungsstandes sind in den ersten beiden Wochen erstmal zwei Trainingseinheiten mit einem Belastungsumfang von 65 Minuten vorgesehen, um die Probandin langsam an das Ausdauertraining zu gewöhnen. Der Belastungsumfang steigert sich langsam bis auf 119-124 Minuten in der sechsten Woche. Beim Laufband ist der Belastungsumfang niedriger, denn beim Radfahren muss die zeitliche Trainingsbelastung infolge des geringeren Energieumsatzes höher liegen. (Neumann, G., Pfützner, A., Berbalk, A., 2013, S. 29)

3.2.2 Begründung der ausgewählten Trainingsmethode

Aufgrund dessen, dass bei der Probandin kaum Ausdauer vorhanden ist, wurde für die kompletten sechs Wochen als Trainingsmethode die extensive Dauermethode gewählt. Die extensive Dauermethode ist ein aerobes Ausdauertraining, welche durch einen längeren Zeitraum und einer niedrigen Intensität gekennzeichnet ist. Dies hat den Vorteil, dass eine Ökonomisierung des Herz-Kreislauf-Systems stattfinden kann, was bedeutet, dass zum Beispiel dadurch der Blutdruck und der Ruhepuls gesenkt werden kann. Ebenfalls kommt es zu einer Verbesserung der peripheren Durchblutung sowie der Fettverbrennung. (Neumann, G., Pfützner, A., Berbalk, A., 2013)

3.2.3 Begründung der Belastungsprogression

Bei der Belastungsprogression gilt: Häufigkeit vor Umfang vor Intensität. Nach der zweiten Woche wird demnach zuerst die Häufigkeit von zwei auf drei Trainingstage erhöht. Anschließend folgt ab der vierten Woche eine Erhöhung des Belastungsumfangs um vier Minuten, welcher nochmal zur sechsten Woche ebenfalls um vier Minuten erhöht wird, um immer wieder neue trainingswirksame Reize zu setzen.

Die Intensität für das Ausdauertraining auf dem Fahrrad und auf dem Laufband wird nach IPN (2004) nachfolgend ausgerechnet.

Radfahren: THF = RHF + ((220 – La) – RHF) * X

$$\text{THF} = 85 + ((220 - 26) - 85) * 0,52$$

$$\text{THF} = 100,88 \sim 101 \text{ S/min}$$

Laufband: THF = RHF + ((220 − ¾ La) − RHF) * X

THF = 85 + ((220 − 20) − 85) * X

THF = 104 S/min

THF: Trainingsherzfrequenz

RHF: Ruheherzfrequenz

La: Lebensalter

X: Belastungsfaktor

Von der jeweils berechneten Trainingsherzfrequenz werden nun fünf Schläge abgezogen und dazu gerechnet. So ergibt sich die Trainingsintensität. (Trunz, E.,2004, S.10)

3.2.4 Begründung der angesteuerten Trainingsbereiche

Für die gesamten sechs Wochen wurde als Trainingsbereich der Aufbau der Grundlagenausdauer 1 gewählt. „Die Grundlagenausdauer ist die entscheidende Voraussetzung für Ausdauerleistungen, denn 60-80% des Trainings werden zur Entwicklung der Ga-Fähigkeit aufgebraucht." (Neumann, G., Pfützner, A., Berbalk, A., 2013, S.134) Aufgrund ihres festgestellten Leistungsstandes ist es deswegen erstmal umso wichtiger diese aufzubauen. Neben der Stabilisierung dieses Trainingsbereichs kommt es zu einer Erhöhung der aeroben Leistungsfähigkeit.

3.2.5 Begründung der ausgewählten Trainingsgeräte

Mit dem Radergometer wurde zu Beginn der Ausdauertest durchgeführt. Um den Fortschritt bei einem nächsten Test zu überprüfen, darf das Fahrrad auf keinen Fall in dem Trainingsplan der Probandin fehlen. Um einen abwechslungsreichen Plan für sie zu erstellen, wurde das Laufband zusätzlich dazu gewählt. Dies ist außerdem ein guter Ausgleich zu ihrer sitzenden Tätigkeit, denn so ist der ganze Körper in Bewegung.

4 Literaturrecherche

Im nachfolgenden werden zwei Studien zum Thema der Effektivität bei Bluthochdruck durch ein Ausdauertraining analysiert.

Tabelle 12: Studie 1 (eigene Darstellung)

Autoren der Studie	Timm H. Westhoff, Sven Schmitdt, Viola Gross, Marian Joppke, Walter Zidek, Markus van der Giet, Fernando Dimelo
Publikation	2008
Forschungsfrage	Aufgrund körperlicher Einschränkungen in den unteren Extremitäten bei manchen Menschen durch Beschwerden im Skelett-Muskel-System oder periphere arterielle Verschlusskrankheiten, wird geschaut ob ein Trainingsprogramm für die Arme zu einer Blutdrucksenkung führt.
Probanden	24 Probanden wurden mit einer Kontrollgruppe verglichen. Der Systolische Blutdruckwert lag bei allen mindestens bei 140 mmHG.
Versuchsaufbau	Die Probanden führten 12 Wochen lang eine Ergometrie für die Arme, dreimal die Woche unter Beobachtung der Herzfrequenz und einer anvisierten Milchsäurekonzentration von 2,0 ± 0,5 mmol/l, durch. Die Endothelfunktion wurde anhand der flow-mediated dilation (flussvermittelten Vasodilatation) an der Oberarmaterie festgestellt. Die Gefäßwandelastizität (AI) und die Füllung der kleinen und großen Gefäße (C1, C2) wurde mit einer computergesteuerten Analyse der Pulswellengeschwindigkeit an der Arteria radialis gemessen.
Ergebnis	Das Trainingsprogramm bewirkte sowohl eine signifikante Senkung des systolischen und diastolischen Blutdrucks als auch eine Verbesserung der C2. Die Gefäßwandelastizität, AI und C1 wurden nicht nennenswert beeinträchtigt. Ebenso nahm die maximale Belastungsfähigkeit bei der Ergometrie der oberen Extremitäten deutlich zu. Bei der Kontrollgruppe blieben die Werte unverändert.
Schlussfolgerung	Trotz Einschränken der unteren Extremitäten, kann man mit einem Trainingsprogramm der oberen Extremitäten den systolischen und diastolischen Blutdruck senken und die Füllung der kleinen Arterien verbessern.

Tabelle 13: Studie 2 (eigene Darstellung)

Autor der Studie	Hosung Nho, Kiyoji Tanaka, Hyun Soo Kim, Yutaka Watanabe, Teruo Hiyama
Publikation	May 1998
Forschungsfrage	Gibt es Unterschiede in der Effektivität des Ausdauertrainings zwischen Personen, bei welchen Bluthochdruck in der Familie bekannt ist und Personen, die nicht familiär bedingt unter Bluthochdruck leiden?
Probanden	39 Frauen mittleren Alters mit Bluthochdruck. Es gab zwei Gruppen: Gruppe P: 18 Frauen, bei welchen der Bluthochdruck familiär bedingt ist Gruppe N: 21 Frauen, bei welchen der Bluthochdruck nichts mit der Familie zu tun hat
Versuchsaufbau	Beide Gruppen nahmen vier Monate an einem überwachten Trainingsprogramm zweimal pro Woche 90-120 Minuten teil. Die Belastungsintensität ging bis zur Laktatschwelle. Dreimal die Woche gab es ein selbstbestimmtes Aerobic Training. Das Vitalalter wurde geschätzt, um den Gesundheitszustand zu bestimmen.
Ergebnis	In Gruppe N kam es zur Senkung des sytolischen und diastolischen Blutdrucks im Ruhezustand (12,6/8,0 mmHG) und zu einer Erhöhung der Sauerstoffaufnahme (VO2peak). In Gruppe P kam es ebenfalls zu einer Senkung des diastolischen und systolischen Wertes (8,9/2,9 mmHG), jedoch zu keiner Veränderung der VO2peak. Das Vitalalter verringerte sich in beiden Gruppen um vier Jahre.
Schlussfolgerung	Es lässt sich sagen, dass das Ausdauertraining eine sehr gute Methode ist, um den Blutdruck zu senken, gerade auch bei Personen, bei welchen erhöhter Blutdruck keine familiären Hintergründe hat.

5   Literaturverzeichnis

Eifler, C. (2020). Studienbrief Trainingslehre 1 – *Aufbau einer Trainingseinheit. Trainingsplanung im Krafttraining. (rev.24.039.000).* Saarbrücken: Deutsche Hochschule für Prävention und Gesundheitsmanagement.

Lim SS, Vos T, Flaxman AD, Danaei G, Shibuya K, Adair-Rohani H et al. (2012). *A comparative risk assessment of burden of disease and injury attributable to 67 risk factors and risk factor clusters in 21 regions, 1990-2010: a systematic analysis for the Global Burden of Disease Study 2010.* Lancet, 380(9859).2224-60

Neumann, G., Pfützner, A., Berbalk, A. (2013). *Optimiertes Ausdauertraining. Trainingsplan. Leistungsaufbau. Ernährungstipps.* Meyer & Meyer Sport. 7. überarbeitete Auflage (26. Juni 2013).

Nho, H., Tanaka, K., Kim, H. S., Watanabe, Y. & Hiyama, T. (1998). *Exercise training in female patients with a family history of hypertension.* European Journal of Applied Physiology and Occupational Physiology, 78, 1-6.

Steffny, H. (2004). *Das große Laufbuch. Alles, was man über das Laufen wissen muss.* München: Südwest Verlag.

Trunz, E. (2004). IPN-Test® - *Ausdauertest für den Fitness- und Gesundheitssport. Institut für Prävention und Nachsorge.* Köln.

Westhoff, T.H., Schmidt, S., Gross, V., Jopke, M., Zidek, W., Van der Giet, M. & Dimeo, F. (2008). *Auswirkungen von aerobem Training der oberen Extremitäten auf Herz und Gefäße bei Bluthochdruckpatienten.* Journal of Hypertension 2008; Vol. 26 Nr. 7.

6 Tabellenverzeichnis